Ursula Ritter · Advent und Weihnachten

17,80

URSULA RITTER

ADVENT UND WEIHNACHTEN

SCHÖNES AUS PAPIER

MIT VORLAGEN IN ORIGINALGRÖSSE

Christophorus-Verlag · Freiburg i. Br.

Inhalt

Advent und Weihnachten

Wenn es im November draußen allmählich kälter wird, ist es drinnen um so gemütlicher. Die Abende werden länger, denn die Sonne geht bereits am späten Nachmittag unter. Dann ist Zeit für kreative Bastelstunden. Es macht Freude, gemeinsam mit der Familie das Fest des Jahres vorzubereiten und die Wohnung weihnachtlich zu schmücken. Farbenfroher Fenster- und Raumschmuck läßt auch die grauen Spätherbst- und Wintertage gleich bunter und freundlicher erscheinen.
Beginnen Sie die Adventszeit mit dem Aufstellen oder Aufhängen eines selbstgestalteten Adventskalenders. Ihre Kinder werden sich jeden Tag auf die kleinen Überraschungen freuen, die sich darin verbergen.
Am 6. Dezember ist Nikolaustag. Beleben Sie mit Ihren Kindern den alten Brauch, am Vorabend einen gebastelten Nikolausstiefel vor die Zimmertür zu stellen, in der Hoffnung, er werde vom Heiligen Nikolaus über Nacht mit Überraschungen gefüllt ...

Beim Durchblättern dieses Buches werden Sie viele Anregungen dafür entdecken, wie Sie Ihre Wohnung festlich schmücken können. Ein Türkranz mit Weihnachtsmotiven ist ein herzlicher Willkommensgruß für Ihre Gäste. Ein schön gedeckter Tisch mit Motivbändern, Karten und Sets stimmt auf ein harmonisches Weihnachtsfest ein.
Auch zum Thema „Geschenke verpacken" finden Sie hier eine Reihe von Ideen und Tips. Verpacken Sie Ihre persönlichen Präsente doch einmal nicht mit gekauftem, sondern mit selbstgestaltetem Papier. Oder beziehen Sie Dosen und Schachteln aus dem Haushalt mit Ihrem individuell dekorierten Papier. Die Beschenkten werden sich sicher über diese Aufmerksamkeit freuen, ist sie doch Ausdruck besonderer Wertschätzung.
Die in diesem Buch vorgestellten Motive sind mit Hilfe der Vorlagen in Originalgröße leicht nachzuvollziehen. Die verwendeten Materialien, vor allem verschiedene Papiersorten, erhalten Sie in reicher Auswahl im Bastel- und Schreibwarenhandel. Lassen Sie sich von meinen Arbeiten inspirieren, und variieren Sie die Motive nach Ihren Vorstellungen und Ideen. Ich wünsche Ihnen und Ihrer Familie viel Freude beim Gestalten und ein schönes Weihnachtsfest!

Ihre Ursula Ritter

Anleitung siehe Seite 62

Material

Die vorgestellten Arbeiten werden aus dem vielseitigen Werkstoff Papier hergestellt:
Fotokarton, Bristolkarton, Tonpapier, Faltpapier, Transparentpapier (Pergamin), Zeichenpapier, Schreibpapier, Tapetenreste, Papierservietten.

Kleine Papierkunde

Ton- und Fotokarton sind stabile, durchgefärbte Kartons, die in vielen Farben und in unterschiedlichen Stärken erhältlich sind. Sie eignen sich besonders für größere oder tragende Teile.
Zeichenkarton, Mal- und Zeichenpapier sind Papiersorten mit einer etwas rauhen Oberfläche, die sich für viele Techniken wie Deckfarbenmalerei, Kohle, Pastell, verschiedene Druckverfahren usw. eignen.
Bristolkarton ist ein weißer, stabiler Karton mit glatter Oberfläche.
Tonpapier ist durchgefärbtes Papier, das in sehr vielen intensiven Farben und in verschiedenen Stärken angeboten wird. Es läßt sich auch doppelt gelegt gut schneiden.
Faltpapier ist eine leichte Papiersorte von intensiver Farbigkeit; es gibt rechteckige, quadratische und kreisrunde Formate.
Schreibpapier kann beidseitig mit Tinte beschrieben werden, ohne daß die Schriftzüge auslaufen.
Weißes oder farbiges Transparentpapier (Pergamin) ist lichtdurchlässig und eignet sich insbesondere für Laternen und Lampions.

Tip: Viele Papiere werden mittlerweile aus 100% Altpapier angeboten. Achten Sie beim Kauf auf den „blauen Umweltengel", der vom Umweltbundesamt vergeben wird. Neben neu gekauften Papieren lassen sich auch farbige Zeitschriften, Prospekte, gut erhaltene Geschenkpapiere und Tapetenreste verwenden. Ausgediente Tapetenmusterbücher gibt es oft kostenlos im Malergeschäft.

Weitere Materialien und Hilfsmittel

Zum Übertragen der Vorlagen: Bleistift und Kohlepapier oder weißes Transparentzeichenpapier (kein Pergamin), Bleistifte HB, 4B. Dünne Graupappe für Schablonen.
Deckfarben, Haar- und Borstenpinsel, Malerpinsel, Zahnbürste, Schwamm, Spritzsieb, Käseschachteln, Kalenderblätter, Nähgarn, dünne Paketschnur, Teelichter, Büro- und Wäscheklammern, Tapetenkleister, Klebstoff.

Tip: Zum Kleben der Papierarbeiten eignen sich Papier- und Alleskleber, wie zum Beispiel UHU flinke flasche (grün), UHU stic. Insbesondere beim Basteln mit Kindern sollte mit umweltver-

träglicheren, lösungsmittelfreien Produkten geklebt werden. Dabei muß man längere Abbindezeiten in Kauf nehmen. Zum Fixieren der Klebestellen empfiehlt sich daher die Verwendung von Büro- oder Wäscheklammern, bis der Kleber getrocknet ist. Ein weiterer Nachteil einiger Klebstoffe auf Wasserbasis: sie wellen eventuell das Papier.
Als Arbeitsunterlage dient eine feste Pappe oder Zeitungspapier.

Werkzeug

Zum Ausschneiden der Motivteile brauchen Sie verschiedene Scheren:
Kinder schneiden am besten mit einer kleinen, handlichen *Bastelschere*, die vorne abgerundet ist.
Eine große *Papierschere* bewährt sich bei langen geraden Schnitten. Eine kleine, spitz zulaufende *Silhouettenschere* eignet sich sehr gut für Innenausschnitte und enge Kurvenschnitte. Sie gehört jedoch nicht in Kleinkinderhand.
Für Innenausschnitte ebenfalls geeignet ist ein *Papierschneidemesser*, das nur von Erwachsenen benutzt werden sollte.
Zum Stanzen von Punkten, Papieraugen oder Löchern verwenden Sie einen *Bürolocher*. Eine *Lochzange* für kleinere Löcher ist sehr nützlich, aber nicht unbedingt notwendig, ersatzweise kann eine dickere *Sticknadel* verwendet werden.
Ein *Falzbein* ermöglicht genaue Falzkanten. Sie können stattdessen auch den Rücken eines Tafelmessers oder eine stumpfe Stricknadel benutzen.
Ein *Lineal* ist beim Anzeichnen gerader Schnitt- und Faltlinien sehr nützlich und bei der Arbeit mit dem Falzbein unentbehrlich.
Außerdem benötigen Sie ein *Maßband*.

Technik

Auf Zeichnungen im Buch und auf dem Vorlagenbogen finden Sie alle Motive in Originalgröße abgebildet. Mit Hilfe von Kohlepapier kann jedes einzelne Teil direkt auf das Werkmaterial übertragen werden. Auf weißes Transparentzeichenpapier (kein Pergamin) kann jedes Motivteil durch Auflegen und einfaches Nachzeichnen mit einem Bleistift übertragen werden. Die Umrisse werden dann auf das Werkmaterial gepaust. Auf diese Weise schonen Sie das Buch bzw. den Vorlagenbogen.
Wenn Sie ein Motiv mehrfach verwenden möchten oder für Gruppenarbeiten empfiehlt sich die Anfertigung einer Schablone aus festem Karton oder dünner Graupappe. Schablonen lassen sich beliebig verwenden, verändern und kombinieren. Bewahren Sie Ihre Schablonen auf, Sie können bald auf eine gute Auswahl zurückgreifen.

Winterzeit

Schneelandschaft

Leise rieselt der Schnee... So beginnt ein bekanntes Weihnachtslied. Dieses Fensterbild einer Schneelandschaft stimmt auf die weiße Jahreszeit ein. Sie können die Baumreihe beliebig verlängern und so der Breite Ihres Fensters anpassen.

Material
Fotokarton: Braun
Weißer Bristolkarton
Tonpapier: Schwarz, Rot (Rest)
Schreibpapier: Weiß
Nähgarn: Weiß
Klebstoff

Ausführung
Übertragen Sie die Bäume vom Vorlagenbogen auf braunen Fotokarton, und schneiden Sie die Umrisse aus. Den Schnee schneiden Sie aus weißem Bristolkarton und verteilen ihn auf Äste und Erde.
Ein Schneemann besteht aus drei gefalteten, aneinandergeklebten Papierformen (siehe Zeichnung). Die mittlere Falte wird mit einem Zylinder, einer „Karottennase" und Papierpunkten aus dem Bürolocher beklebt.
Fixieren Sie die Schneemänner auf der Winterlandschaft, und kleben Sie zwei schwarze Krähen auf einen Schneefleck.
Für die Schneeflockenbänder schneiden Sie viele, deckungsgleiche Papierkreise aus und legen beim Zusammenkleben den Aufhängefaden in die Mitte.

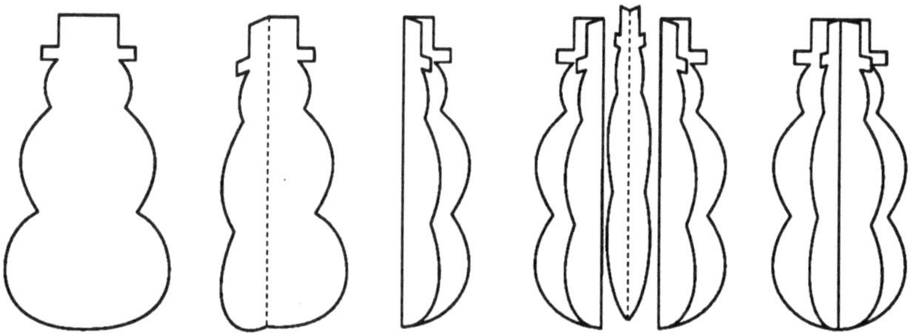

Tischbänder

Nicht nur für den Gabentisch eignen sich diese weihnachtlich wirkenden Tischbänder. Sie können zum Beispiel auch die Fensterbank oder den Frühstückstisch eines schönen Adventssonntages schmücken.

Material
Fotokarton: Dunkelgrün, Rot
Tonpapier: Hell- und Dunkelgrün, Gelb
Klebstoff

Ausführung
Schneiden Sie aus Fotokarton 2 cm breite Streifen. Die Länge der Tischbänder bestimmen Sie selbst. Kleben Sie entsprechend viele Streifen sauber aneinander. Falten Sie die Bänder ziehharmonikaartig, beim grünen Tannenband sollte ein Faltabschnitt 8 cm, beim roten Sternenband 9,5 cm lang sein.
Die Tannenbäumchen schneiden Sie aus hell- und dunkelgrünem Tonpapier und kleben sie, immer in der Farbe wechselnd, auf das grüne Band. Buntes Konfetti wird als Weihnachtskugeln auf die dunkelgrünen Tannen geklebt.
Die gelben Sterne des zweiten Bandes sind verschieden groß. Kleben Sie die Sterne nach der Größe geordnet auf das rote Band.

Schneemannparade

Material
Weißer Bristolkarton
Tonpapier: Rot, Schwarz
Klebstoff

Ausführung
Schneiden Sie das Band (93,5 x 3,5 cm) aus weißem Bristolkarton, und falten Sie den Kartonstreifen ziehharmonikaartig. Ein Faltabschnitt sollte 8,5 cm lang sein. Die unterschiedlich großen Schneemänner schneiden Sie nach den Vorlagen aus Bristolkarton. Gestalten Sie die Figuren nach der Abbildung mit Zylinder, Augen, Nase, Mund, Schal und Knöpfen. Die Papierpunkte stanzen Sie mit dem Bürolocher. Schneemänner auf den Kartonstreifen kleben.

Nußknacker

Wenn die Tage kürzer und grauer werden, freut man sich über ein farbenfrohes Fensterbild.

Material
Fotokarton: Dunkelgrün
Weißer Bristolkarton
Tonpapier: Gelb, Orange, Rot, Blau, Schwarz, Grau
Klebstoff

Ausführung
Schneiden Sie die Tanne nach der Vorlage aus dunkelgrünem Fotokarton. Die Figur des Nußknackers schneiden Sie aus Bristolkarton, Hände, Gesicht und Uniform aus Tonpapier. Beginnen Sie mit dem Aufkleben der Einzelteile beim Kopf: erst die Haare und den Hut, anschließend das Gesicht. Die Papierpunkte für Augen und Nase stanzen Sie mit einem Bürolocher aus.
Kleben Sie die blaue Hose deckungsgleich auf die weiße Kartonform und darüber die rote Jacke. Verzieren Sie die Uniform mit gelben Manschetten, Knöpfen, Gürtel und Ärmelklappen. Die Hände, die Stiefel sowie der graue Bart werden zuletzt aufgeklebt. Fixieren Sie den Nußknacker an der Tanne.

Advent und Sankt Nikolaus

Adventskalender dienen bis Weihnachten als „Zeitverkürzer" und steigern die Freude auf das Fest. Jeden Morgen warten die Kinder gespannt, welche kleine Überraschung der Kalender heute für sie bereithält.

Kling, Glöckchen, kling

Material

Fotokarton: Hell- und Dunkelgrün, Hell- und Dunkelrot
Tonpapier: Orange
24 leere Streichholzschachteln
Zahlen 1 bis 24 eines Kalenderblatts
Klebstoff

Ausführung

Vier große Glocken nach der Vorlage aus Fotokarton, 24 kleine Glöckchen aus Tonpapier schneiden. Die Ziffern 1 bis 24 aus einem Kalenderblatt schneiden und auf die Vorderseite der Glöckchen kleben. Die 24 kann zusätzlich noch durch einen kleinen Stern hervorgehoben werden.
Leere Streichholzschachteln auf die Rückseiten der Glöckchen kleben und immer sechs der Reihe nach auf den großen Glocken befestigen.

1
2
3
4
5
6
7
8
9
10
11
12
13
14
15
16
17
18
19
20
21
22
23
24

Sankt Nikolaus – Adventskalender

Sankt Nikolaus gehört zu den beliebtesten Heiligen und der 6. Dezember ist als Nikolaustag allen Kindern bekannt.
Auf eine der zahlreichen Legenden, die sich um den Heiligen ranken, weist dieser Adventskalender hin: Nikolaus war Bischof von Myra, einer Küstenstadt in der Türkei, als dort eine große Hungersnot ausbrach. Eines Tages liefen Schiffe den Hafen von Myra an, die im Auftrag des römischen Kaisers Weizen von Alexandria nach Rom transportierten. Nikolaus erbat von jedem Schiff nur 100 Scheffel Getreide. Die Schiffsleute zögerten, denn sie hatten Angst vor den kaiserlichen Kornmessern und vor der Strafe, die drohte, wenn etwas von der abgemessenen Fracht fehlte. Nikolaus aber schwor ihnen bei Gott, daß bei der Ablieferung des Getreides nichts fehlen würde. Die Schiffsleute willigten ein, und als sie zu den Kontrolleuren des Kaisers kamen, hatten sie soviel Weizen wie bei ihrer Abfahrt aus Alexandria. Das Wunder war also wirklich geschehen. Mit dem Weizen konnte Bischof Nikolaus seine Gemeinde zwei Jahre lang ernähren, und es blieb auch noch genug für die Aussaat übrig.

Material
Fotokarton: Gelb, Rot
Tonpapier: Blau, Schwarz
Geschenkpapier oder Strohseide
Paketschnur oder Garnrest
Zahlen 1 bis 24 eines Kalenderblatts
Klebstoff

Ausführung
Übertragen Sie alle Teile vom Vorlagenbogen, und zeichnen Sie auch die angegebenen Faltlinien ein.
Das Schiff setzt sich aus zwei spiegelbildlich geformten Seitenteilen zusammen, die ineinandergeschoben werden. Die Seitenteile werden erst einzeln ausgearbeitet.
Die eingezeichneten Faltlinien mit Hilfe eines Lineals und eines Falzbeins vorfalzen, dann falten.
Bekleben Sie die Grundform aus rotem Fotokarton mit der roten Form und den blauen Wellen.
Stellen Sie beide Schiffshälften auf der Arbeitsfläche auf, und schieben Sie sie ineinander. An den Seiten und an der Unterseite zusammenkleben.
Damit sich die Segel nicht nach innen biegen, kleben Sie einen Streifen Fotokarton mit abgeknickten Kleberändern dazwischen. Zuletzt befestigen Sie einen schwarzen Anker am Bug des Schiffes.
Aus Geschenkpapier oder Stroh-

seide schneiden Sie Rechtecke zu (13 x 18 cm) und kleben sie zu Säckchen zusammen. Sie werden mit kleinen Überraschungen gefüllt und mit Paketschnur oder farblich passenden Garnresten zugebunden.

Die Nummern schneiden Sie aus ausgedienten Kalenderblättern. Den 6. sowie den 24. Dezember kennzeichnen Sie zusätzlich mit einem kleinen ausgeschnittenen Stern. Der Nikolaus wird auf Seite 54 beschrieben.

Tannenbaumspiel

Wenn es an den langen Abenden draußen vor Kälte klirrt, und es drinnen so richtig gemütlich ist, macht es Freude, mit den Kindern gemeinsam zu basteln und zu spielen.

Material
Fotokarton: Hell- und Dunkelgrün
42 selbstklebende Markierungspunkte (Durchmesser 2 cm) pro Spieler
Klebstoff
Spielwürfel mit Augen

Ausführung
Für jeden Spieler eine große Tanne als Spielfeld und sechs kleine Tannen als Spielkarten aus Fotokarton schneiden. Die selbstklebenden Punkte der Abbildung entsprechend auf die große Tanne kleben, und auch die kleinen Tannen mit Punkten versehen, wie der Würfel sie anzeigt.

Spielverlauf
1. Jeder Spieler hat eine große Tanne, deren Punkten zu sehen sind, und sechs kleinen Tannen, die ungeordnet mit den Punkten nach unten liegen.
2. Es wird reihum gewürfelt. Der Spieler, der an der Reihe ist, dreht eine kleine Tanne um. Stimmen die Punktzahlen von Tanne und Würfel überein, darf er sie auf der großen Tanne an entsprechender Stelle ablegen. Stimmen die Zahlen nicht überein, muß die kleine Tanne wieder umgedreht werden. Wer zuerst seinen Tannenwald vervollständigt hat, ist Sieger.

Sankt Nikolaus im Wald

Material

Fotokarton: Dunkelblau, Hell- und Dunkelgrün, Braun, Rot
Tonpapier: Gelb, Beige, Schwarz, Braun
Weiße Strukturtapete
Nähgarn
Klebstoff

Ausführung

Schneiden Sie alle Teile des Drehbildes nach den Vorlagen aus. Kleben Sie die Tannen von beiden Seiten deckungsgleich auf den braunen Waldboden, und fassen Sie den Aufhängefaden mit ein.
Die Nikolausfigur wird nur auf einer Seite ausgestaltet. Befestigen Sie die Stiefel zwischen Mantelsaum und Pelzbesatz. Kleben Sie die Hände und die Pelzbesätze auf die Ärmel, und fixieren Sie die Ärmel zunächst nur an den Schultern, damit Sie die beiden Tannenbäume noch einfügen können.
Dann gestalten Sie das Gesicht nach der Abbildung aus und kleben es zusammen mit Bart und Mützenumrandung auf. Der Aufhängefaden wird an der Rückseite angebracht und mit einem roten Papierpunkt abgedeckt.
Bereiten Sie nun die Sternenbänder vor. Der Aufhängefaden wird immer zwischen zwei deckungsgleiche Sterne geklebt.
Kleben Sie die beiden Seiten des Himmels zusammen, und fassen Sie dabei alle Aufhängefäden der anderen Motivteile mit ein. Dekorieren Sie den Himmel auf Vorder- und Rückseite mit gelben Sternen.

Apfel, Nuß und Mandelkern – Nikolausstiefel

Sankt Nikolaus gilt als Schutzpatron der Kinder. Zur Erinnerung an den Heiligen, der wegen seiner Wunder und Freigebigkeit verehrt wird, stellen Kinder am Vorabend des 6. Dezember ihre Schuhe oder ihren Stiefel vor die Tür, in der Hoffnung, sie werden über Nacht gefüllt ...

Material
Fotokarton: Rot
Tonpapier: Gelb (Rest)
Faltpapier: Hell- und Dunkelgrün
Weiße Strukturtapete
Schreibpapier: Weiß
oder Geschenkpapier
Seidenpapier: Dunkelgrün
Deckfarben
Klebstoff

Ausführung
Schneiden Sie die Form des großen Nikolausstiefels zweimal aus rotem Fotokarton. Das Mittelteil (57 x 7 cm) ausschneiden. An beiden Längsseiten des Streifens zeichnen Sie einen 1 cm breiten Kleberand ein und falzen die Faltlinien mit dem Falzbein am Lineal entlang vor. Schneiden Sie die Klebefalze ein, und knicken Sie diese ab.
Das Mittelteil an den Klebefalzen abschnittweise auf das erste Seitenteil kleben. Zweites Seitenteil wenden, Falze des Mittelteils mit Klebstoff bestreichen und von oben aufkleben. Klebefalze innen gut andrücken.
Den „Pelzbesatz" schneiden Sie nach der Vorlage aus weißer Strukturtapete, falten den Streifen längs in der Mitte und stülpen ihn über den Stiefelschaft. An einigen Stellen festkleben.
Schmücken Sie den Stiefel mit kleinen Tannenzweigen aus Faltpapier und einem Stern, den Sie entweder aus selbstdekoriertem Papier (Technik siehe Seite 56) oder farblich passendem Geschenkpapier schneiden. Der Stiefelschaft wird mit grünem Seidenpapier gefüttert.
Der kleine Stiefelanhänger aus rotem Tonpapier eignet sich als Dekoration für selbstgenähte Rupfen- oder Jutesäckchen.

Drei kleine Weihnachtsmänner

Material
Fotokarton: Gelb, Rot
Tonpapier: Gelb, Rosa, Grün, Blau, Braun, Schwarz
Weiße Strukturtapete
Nähfaden: Weiß
Klebstoff

Ausführung
Die Grundformen und die Arme der kleinen Weihnachtsmänner schneiden Sie aus rotem Fotokarton, die Details aus Strukturtapete und Tonpapier. Kleben Sie als erstes das Gesicht auf, und gestalten Sie es aus. Die Papierpunkte von Augen, Nase und Mund stanzen Sie mit dem Bürolocher. Danach fixieren Sie den Pelzbesatz der Mütze, die Arme und den Bart. Achtung: die Fäustlinge nicht festkleben, denn Tanne, Geschenkpaket und Nikolaussack werden noch dazwischengeschoben und befestigt. Zuletzt die weißen Ärmelpelzbesätze und dic schwarzen Stiefelsohlen aufkleben.
Mit einer Lochzange oder einer Stopfnadel stanzen bzw. stechen Sie oben in die Mitte der Mützen ein Loch und ziehen die Aufhängefäden ein.
Die Aufhängefäden der Weihnachtsmänner kleben Sie auf die unteren Spitzen des großen gelben Sterns. Der Aufhängefaden des gesamten Drehbildes wird an der obersten Sternspitze angebracht. Achten Sie bitte darauf, daß sich die Figuren in unterschiedlichen Längen frei bewegen können. Dann kleben Sie den zweiten großen Stern deckungsgleich auf den ersten.

Stechpalmenzweig mit Kerzen

Material
Fotokarton: Hell- und Dunkelgrün
Tonpapier: Gelb
Geschenkpapier: Rot
Klebstoff

Ausführung
Übertragen Sie den Zweig und die Blätter auf hell- und dunkelgrünen Fotokarton, und schneiden Sie die Teile aus. Kleben Sie die Blätter dekorativ am Zweig fest.
Der große Stern wird zweimal aus gelbem Tonpapier geschnitten. Die drei Kerzen formen Sie aus roten Geschenkpapierstreifen (8 x 7 cm), die Sie überlappend zusammenkleben. Befestigen Sie die Flammen, und kleben Sie die Kerzen zwischen die beiden gelben Sterne. Verwenden Sie das gleiche Geschenkpapier für den etwas kleineren Stern.
Schneiden Sie die Sterne der Bänder aus doppelt gelegtem Tonpapier, und fassen Sie die Fäden beim Zusammenkleben mit ein. Befestigen Sie die Fäden an der Rückseite des großen Sterns: zwei an Sternspitzen, einen zwischen zwei Spitzen.
Sterne und Kerzen auf den Stechpalmenzweig kleben.

3x

**Advent, Advent,
ein Lichtlein brennt ...**

Material
Fotokarton: Dunkelgrün
Tonpapier: Rot, Gelb
Geschenkpapier: Rot
Klebstoff

Ausführung
Übertragen Sie den Kranz vom Vorlagenbogen auf grünen Fotokarton, und schneiden Sie ihn aus. Kleben Sie vier Schmuckbänder aus farblich passendem Geschenkpapier gegenüberliegend auf den Kranz.
Dazwischen bringen Sie gefaltete Sterne als Kerzenhalter an: Eine Hälfte kleben Sie jeweils auf den Kranz, die andere Hälfte bildet die Standfläche für die Kerze.
Die vier Kerzen formen Sie aus roten Tonpapierstreifen (4,5 x 7 cm), kleben diese überlappend zusammen, bringen die Flamme an und kleben sie auf die waagrechten Sternhälften.
Das große Aufhängeband mit Schlaufe schneiden Sie einmal aus rotem Tonpapier, einmal aus Geschenkpapier, kleben beide Teile versetzt aufeinander und auf die Rückseite des Kranzes.

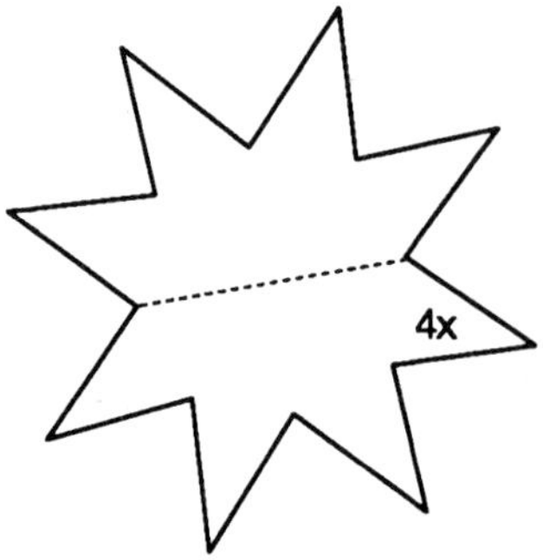

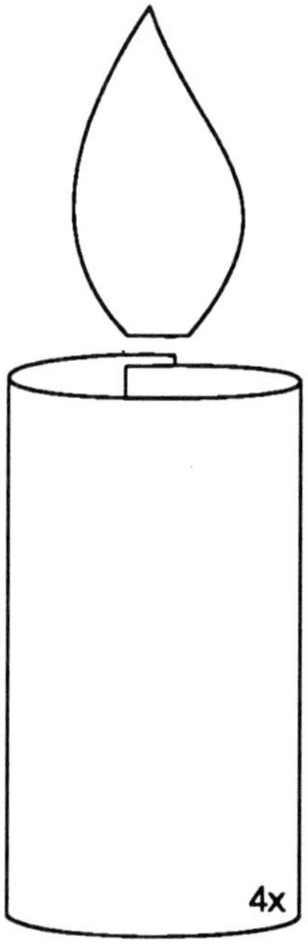

Weihnachtspost

Selbstgestaltete Weihnachtskarten sind zugleich kleine, individuelle Geschenke für liebe Freunde und Verwandte.

Material
Fotokarton: Hell- und Dunkelgrün
Tonpapier: Rot, Gelb
Schreibpapier: Weiß
Klebstoff

Ausführung
Übertragen Sie die Umrisse der Weihnachtskarte vom Vorlagenbogen auf Fotokarton, und falten Sie die angegebenen Linien. Saubere Falzkanten erhalten Sie, wenn Sie die Linien mit einem Falzbein an der Linealkante entlang vorfalzen.
Die drei entstandenen Flächen bekleben Sie der Abbildung entsprechend mit einem hellgrünen Dreieck, das beschriftet werden kann, und mit Sternen und Kerzen. Wird die Karte gefaltet, ergibt sich die Tannenform. Die Tannenkarte paßt genau in den Umschlag, den Sie falten und an den Rändern zusammenkleben.
Zwei Tannen aus dunkel- und hellgrünem Tonpapier bilden einen dekorativen Adressenaufkleber. Gestanzte weiße Punkte als Schneeflocken aufkleben.

Kartengrüße

Die weihnachtlichen Motive dieser Karten lassen sich wie ein Leporello auseinanderziehen und aufstellen. Ein überraschender und sehr dekorativer Weihnachtsgruß.

Material
Fotokarton: Orange
Weißer Bristolkarton
Tonpapier: Rot, Gelb, Blau, Hell- und Dunkelgrün, Grün (Rest)
Klebstoff

Ausführung
Schneiden Sie die Doppelkarten aus weißem bzw. orangefarbenem Karton (2 Stück à 30 x 13 cm und 1 Stück à 26 x 10 cm). Die Karten in der Mitte mit dem Falzbein am Lineal entlang vorfalzen, dann falten. Die zweite Innenseite der weißen Karten mit einem farbigen Blatt bekleben.
Tonpapierstreifen zuschneiden und ziehharmonikaartig falten. Bei der Karte mit Weihnachtssternen hat der Streifen die Maße 50 x 1,5 cm, der Faltabschnitt sollte 10 cm lang sein. Karte mit Sternen: 40 x 3 cm, Faltabschnitt 8 cm. Karte mit Kerzen und Sternen: 49 x 1,5 cm, Faltabschnitt 7 cm.
Kleben Sie den letzten Faltabschnitt jeweils auf die Karte, dann die nach ihrer Größe geordneten Motive auf die Tonpapierstreifen.

Weihnachten

Türbogen mit Weihnachtssternen

Material
Fotokarton: Dunkelgrün
Tonpapier: Dunkelgrün, Rot, Rest Gelb
Faltpapier: Grün, Dunkelgrün
Nähgarn: Weiß oder Dunkelgrün
Klebstoff

Ausführung
Schneiden Sie das tragende Element nach der Vorlage aus dunkelgrünem Fotokarton. Es hat die Form eines Kleiderbügels.
Zeichnen Sie die verschiedenen Tannenzweige auf gefaltetes, grünes Faltpapier. Die eingezeichneten Bruchlinien liegen dabei auf der Falzkante des Papiers. Bereiten Sic eine große Anzahl Zweige vor.
Die Stechpalmenblätter und die Blätter des Weihnachtssterns in der Mitte schneiden Sie aus dunkelgrünem, die roten Blätter und die Blüten aus Tonpapier.
Nun werden die Zweige auf das tragende Element geklebt. Arbeiten Sie jeweils von rechts und von links zur Mitte hin. Fixieren Sie die Tannenzweige und Blätter punktuell mit Klebstoff.

Türschmuck mit Sternen

Material
Fotokarton: Dunkelgrün
Tonpapier: Gelb
Faltpapier: Grün, Dunkelgrün
Nähgarn: Weiß
Klebstoff

Ausführung
Schneiden Sie das tragende Element nach der Vorlage aus dunkelgrünem Fotokarton. Zeichnen Sie die Tannenzweige auf gefaltetes, grünes Faltpapier. Die eingezeichneten Bruchlinien liegen dabei auf der Falzkante des Papiers. Schneiden Sie die Zweige aus.
Die Zweige legen Sie so auf das tragende Element, daß sie von der Mitte ausgehend strahlenförmig nach außen zeigen. Fixieren Sie die Zweige am Mittelpunkt.
Auf diesen zentralen Punkt kleben Sie einen gelben Stern. Achten Sie bitte darauf, daß die Sternspitzen frei bleiben.
Feine, aus Fotokarton geschnittene Streifen werden über eine Scherenkante gezogen, damit sie sich leicht rollen, und dann an die Rückseite des Sterns geklebt.
Schneiden Sie nun die restlichen Sterne aus gelbem Tonpapier, insgesamt 14 Stück. Legen Sie das Tonpapier beim Schneiden doppelt, und achten Sie auf deckungsgleiche Formen. Zwei Sterne werden rechts und links an den Spitzen des Trägerelements angebracht. Die übrigen Sterne befestigen Sie an Fäden: Einen Stern mit Klebstoff bestreichen, den Faden in die Mitte legen und einen zweiten, passenden Stern aufkleben. Den nächsten Stern mit genügend Abstand anbringen. Kleben Sie die Fäden unten an die Rückseite des tragenden Elements, und befestigen Sie oben einen Aufhängefaden.

Sterne

Sterne gehören zu den traditionellen Weihnachtsmotiven. Ein Stern zeigte den Heiligen Drei Königen den Weg nach Bethlehem. Ein Stern mit acht Strahlen gilt als Zeichen Christi.

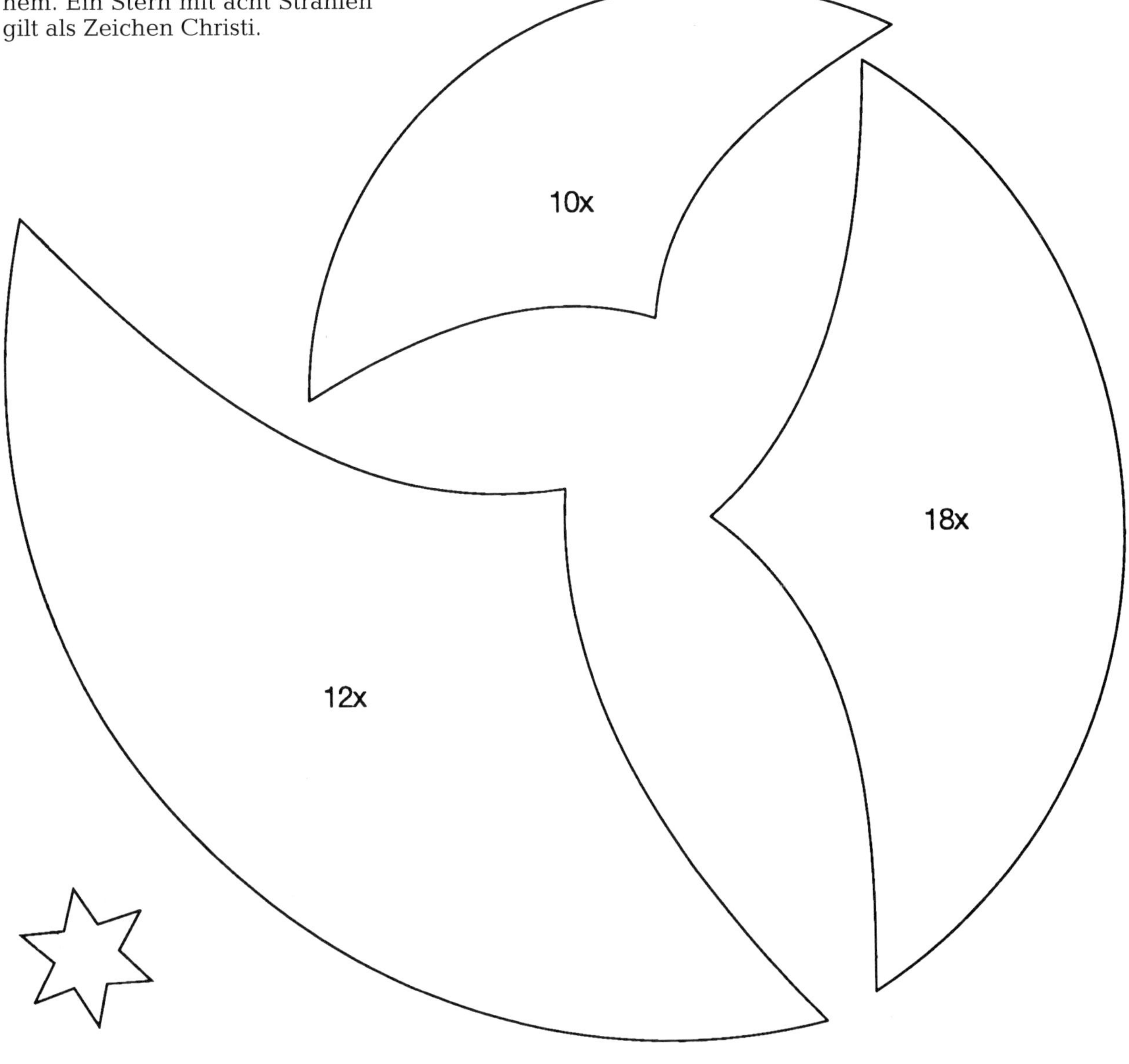

Material
Gemustertes und unifarbenes Geschenkpapier oder Tonpapier, farblich zueinander passend
Graupappe
Klebstoff

Ausführung
Jeder Stern besteht aus Spitzen gleicher Form, die um einen Mittelpunkt angeordnet sind. Fertigen Sie von den drei Grundformen Schablonen aus Graupappe an. Legen Sie die Schablone auf die Rückseite des ausgewählten Papiers, und zeichnen Sie die Umrisse nach. Je nach Stern benötigen Sie 10, 12 oder 18 Einzelelemente. Ordnen Sie die Sternspitzen gleichmäßig nach der Abbildung an, und beginnen Sie mit der Fixierung in der Mitte. Verwenden Sie nur wenig Klebstoff. Der Mittelpunkt kann noch mit einem kleinen Stern verziert werden.

Filigraner Stern

Material
Fotokarton: Dunkelgrün, Rot
Klebstoff

Ausführung
Der Stern besteht aus vierzehn Spitzen gleicher Form, die um ein Zentrum angeordnet sind. Schneiden Sie nach der Vorlage sieben Spitzen aus rotem und sieben Spitzen aus dunkelgrünem Fotokarton. Den Innenausschnitt führen Sie entweder mit einem Papierschneidemesser oder mit einer kleinen spitzen Schere aus. Die fertigen Spitzen ordnen Sie, einmal Rot, einmal Grün, überlappend kreisförmig an. Richten Sie die einzelnen Teile gleichmäßig aus, so daß eine harmonische Sternform entsteht, und fixieren Sie die Anordnung mit Klebstofftropfen.

Christbäume

Material
Fotokarton: Hell- und Dunkelgrün, Braun
Tonpapier: Gelb, Rot, Orange
Klebstoff

Ausführung
Übertragen Sie die Formen der Tannenzweige vom Vorlagenbogen auf Fotokarton, und schneiden Sie die Umrisse mit der Schere aus. Die Innenausschnitte ausführen. Ordnen Sie die Elemente von unten nach oben überlappend an, und fixieren Sie sie an den Schnittstellen mit Klebstoff. Die Baumstämme werden an der Rückseite mittig befestigt. Schmücken Sie die Christbäume mit Weihnachtskugeln, Glocken, Sternen und Kerzen, die Sie aus Tonpapier anfertigen.

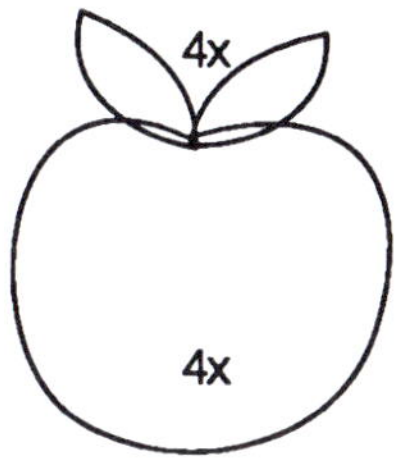

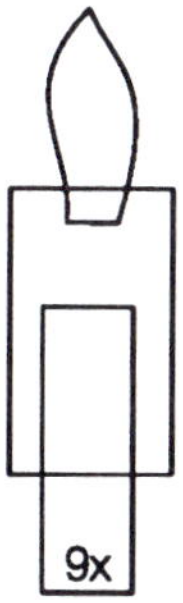

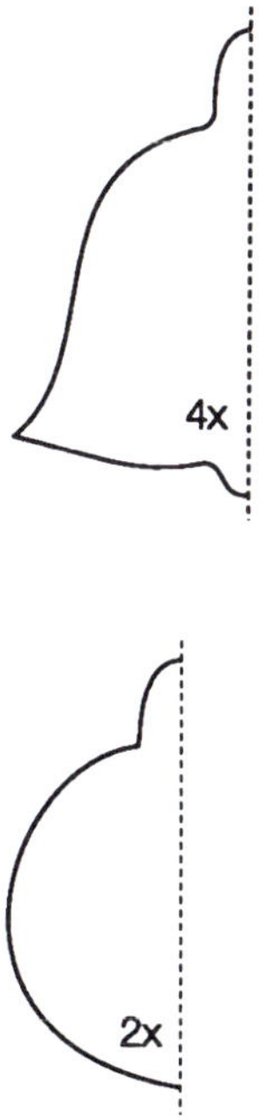

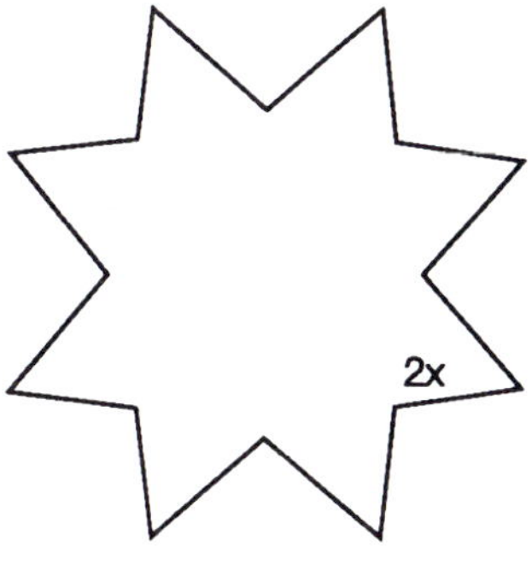

Sterne, Sterne, Sterne

Material
Geschenkpapier
Graupappe
Klebstoff

Ausführung
Alle Sterne werden nach dem gleichen Prinzip hergestellt. Übertragen Sie die Grundformen der einzelnen Sternspitzen auf Graupappe, und schneiden Sie die Formen aus. Legen Sie die Schablonen auf die Rückseite des ausgewählten Papiers, zeichnen Sie die Konturen z.B. achtmal nach, und schneiden Sie die Spitzen aus. Falten Sie die Spitzen nach der Zeichnung, und kleben Sie jeweils die beiden äußeren rautenförmigen Flächen dekkungsgleich aufeinander.
Die entstandenen, tütenförmigen Spitzen kleben Sie mit einer seitlichen Kante an die Kante der nächsten Spitze, bis sich der Stern schließt.

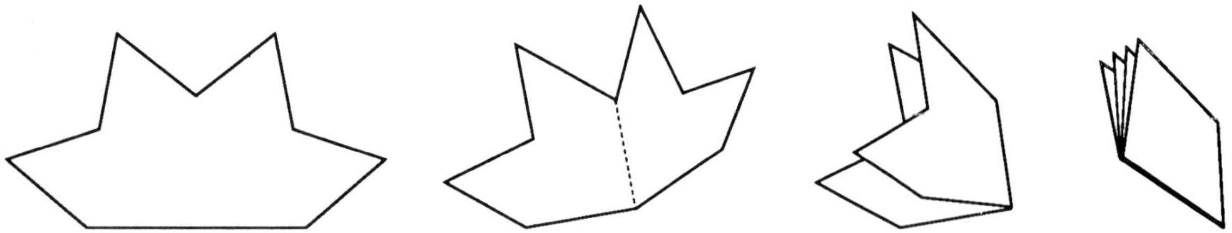

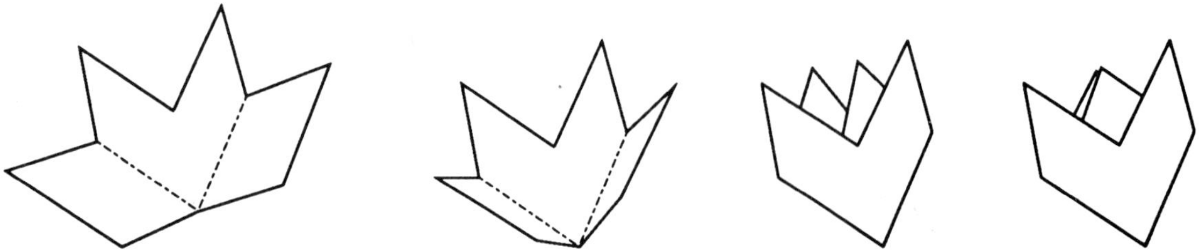

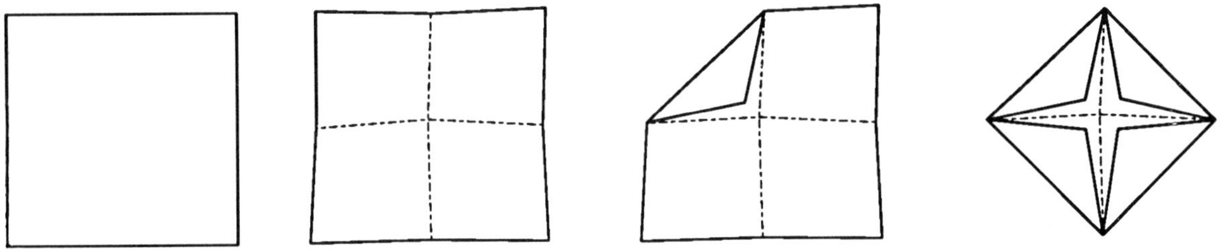

Stern links

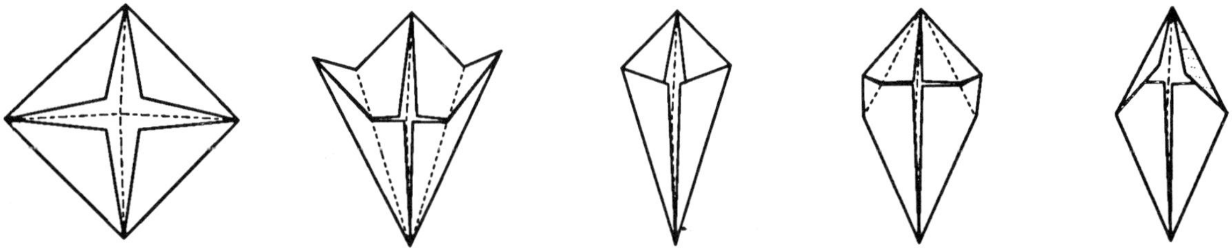

Sterne rechts

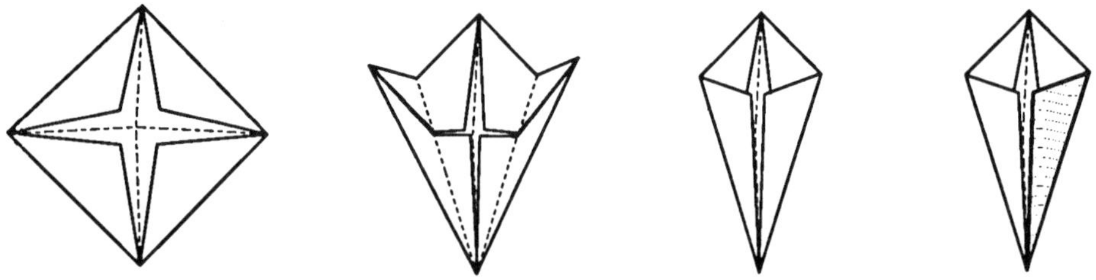

Faltsterne

Material
Geschenkpapier
Klebstoff

Ausführung
Die Sterne bestehen aus einzeln gefalteten Sternspitzen, die an den seitlichen Kanten und Flächen aneinandergeklebt werden. Falten Sie die Spitzen nach den Faltanleitungen aus zwölf (Stern links: 10 x 10 cm) oder neun Papierquadraten (Sterne rechts: 10 x 10 cm, 9 x 9 cm).

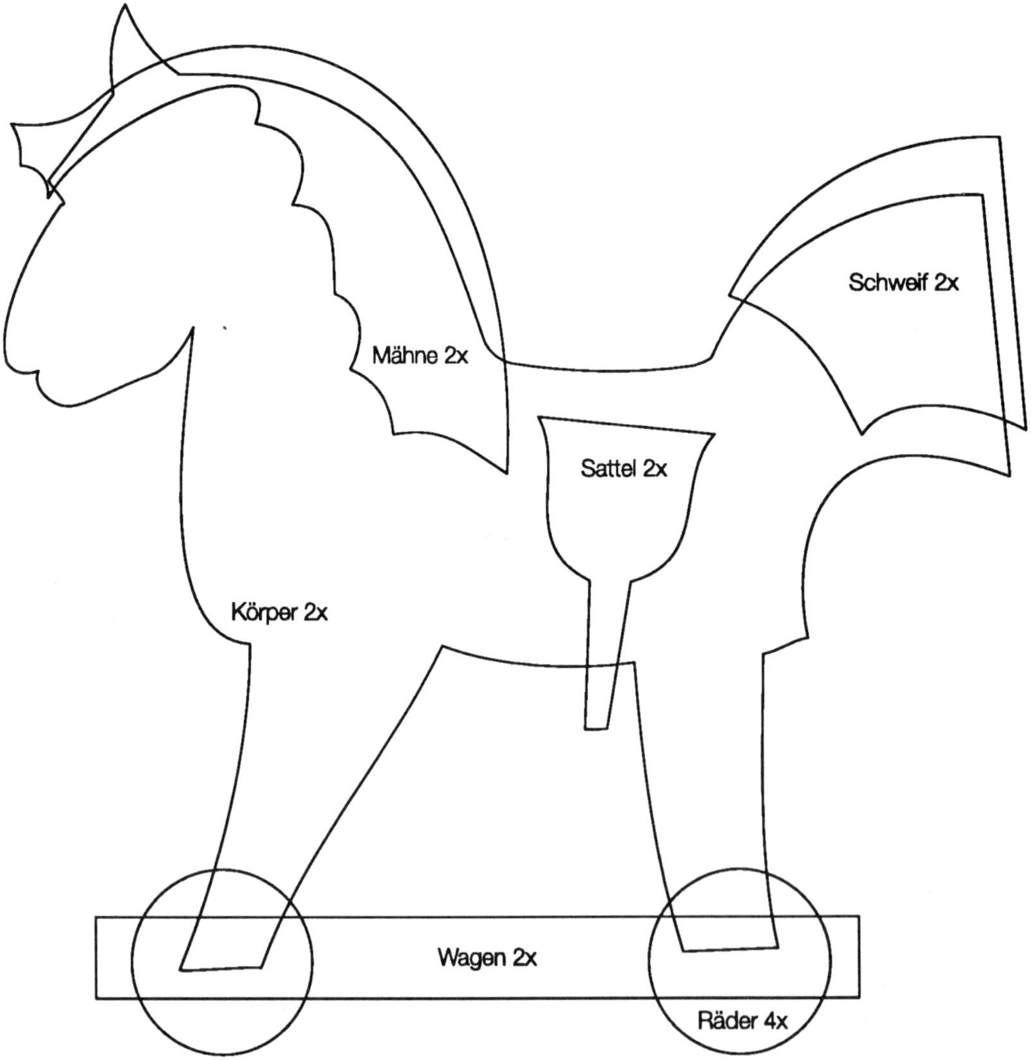
Mähne 2x
Schweif 2x
Sattel 2x
Körper 2x
Wagen 2x
Räder 4x

Pferdchen und Teddybären

Material
Tonpapier: Gelb, Rot, Blau, Hell- und Dunkelbraun, Schwarz
Weißer Bristolkarton
Schreibpapier: Weiß (Rest)
Weiße Strukturtapete (Rest)
Nähgarn: Weiß
Klebstoff

Ausführung
Fertigen Sie von den Pferden eine Schablone aus Bristolkarton an. Legen Sie die Schablone auf die Rückseite der Strukturtapete, und zeichnen Sie die Umrisse mit dem Bleistift nach. Nun legen Sie die Schablone seitenverkehrt auf die Tapetenrückseite und wiederholen den Vorgang. Schneiden Sie beide Seiten des Pferdchens sorgfältig aus, damit sie genau aufeinandergeklebt werden können. Legen Sie beim Zusammenkleben den Aufhängefaden ein. Mähne, Schweif, Sattel und Räder schneiden Sie aus doppelt gelegtem Tonpapier und kleben die Teile deckungsgleich auf beide Seiten der Pferdchen. Die kleinen schwarzen Punkte stanzen Sie mit dem Bürolocher.
Die Teddybären im Spielanzug gestalten Sie auf Vorder- und Rückseite gleich aus. Schneiden Sie die Teile aus doppelt gelegtem Tonpapier: Spielanzug und Schnauze je zweimal, die übrigen Teile viermal. Die bunten Punkte der Spielanzüge stanzen Sie mit dem Bürolocher.

Vorlage „Teddybär" siehe nächste Seite.

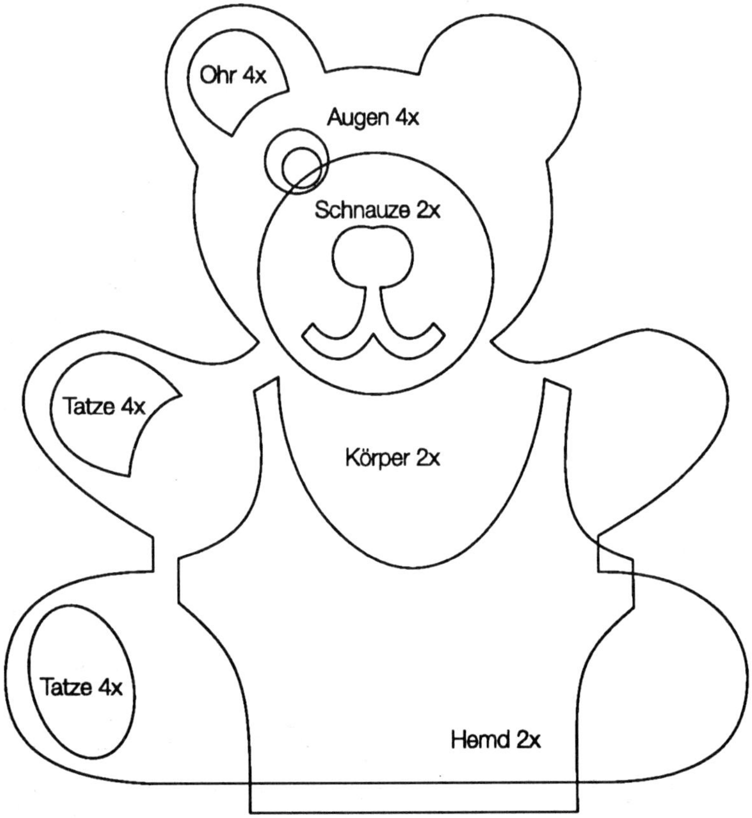
Ohr 4x
Augen 4x
Schnauze 2x
Tatze 4x
Körper 2x
Tatze 4x
Hemd 2x

Weihnachtskugeln

Material
Zeitungspapier
Japanservietten
Nähgarn
Angerührter Tapetenkleister

Ausführung
Formen Sie Zeitungspapier zu handlichen Kugeln. Überziehen Sie die Kugeln regelmäßig mit Zeitungspapierstreifen, die Sie vorher in Tapetenkleister getaucht haben. Die Oberfläche immer wieder glatt streichen. Lassen Sie die Kugeln gut trocknen, und kleben Sie dann einen Aufhängefaden fest.
Die Papierservictten auseinanderfalten und die Kugeln damit so einschlagen, daß der Aufhängefaden oben herauskommt. Mit Nähfaden fest umschnüren. Die Serviettenspitzen zurechtzupfen.
Die Sterne werden aus doppelt gelegtem Serviettenvlies geschnitten und beide Teile mit einem Aufhängefaden dazwischen zusammengeklebt.

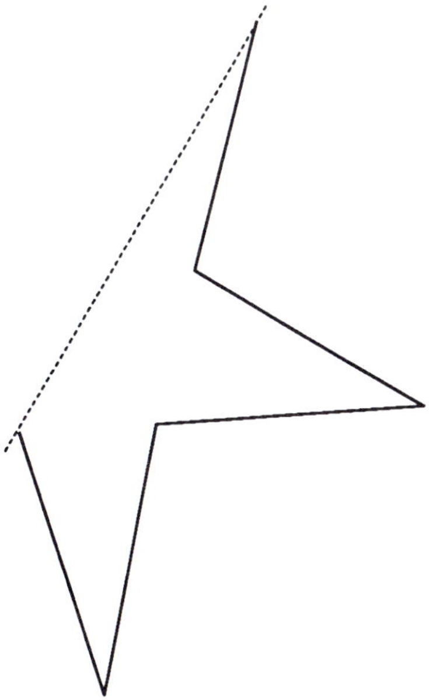

Tischlaternen

In der Adventszeit geht die Sonne schon am Nachmittag unter, die Abende sind lang. Nehmen Sie sich etwas Zeit und Ruhe, und zünden Sie die Kerzen in den kleinen Tischlaternen an. Mit ihrem warmen Licht unterstreichen sie die besinnliche Stimmung vor Weihnachten.

Material
Tonpapier: Hell- und Dunkelgrün, Gelb
Strohseide: Rot, Gelb (feste Qualität)
Ovale Käseschachtel
Teelichter
Klebstoff

Ausführung
Die Tanne wird nach der Vorlage aus dunkelgrünem Tonpapier geschnitten. Die inneren Konturen schneiden Sie mit einem Papierschneidemesser oder einer kleinen spitzen Schere aus. Den Ausschnitt hinterkleben Sie mit roter Strohseide. Beziehen Sie einen Käseschachteldeckel außen mit Strohseide, und fixieren Sie die Tanne in der Mitte der Längsseite.

Für die rote Sternenlaterne benötigen Sie einen gelben Tonpapierstreifen (40 x 16 cm) und rote Strohseide (40 x 20 cm). Schneiden Sie verschieden große Sterne aus dem Tonpapierstreifen heraus, und legen Sie den Tonpapierstreifen auf die Strohseide. Die überstehenden Längskanten der Strohseide als Kleberänder falten und nur an der Laterneninnenseite festkleben. Die Laterne überlappend zusammenkleben und die Klebestellen mit Wäscheklammern fixieren.
Die Strohseide der gelben Laterne (43 x 24 cm) an den Längskanten etwa 2 cm breit umfalten und mit hellgrünen Tonpapierstreifen (23 x 2 cm) verstärken. Engel, Stern und Tanne zweifach aus Tonpapier schneiden und auf die Laterneninnenfläche kleben. Die Laterne überlappend zusammenkleben.

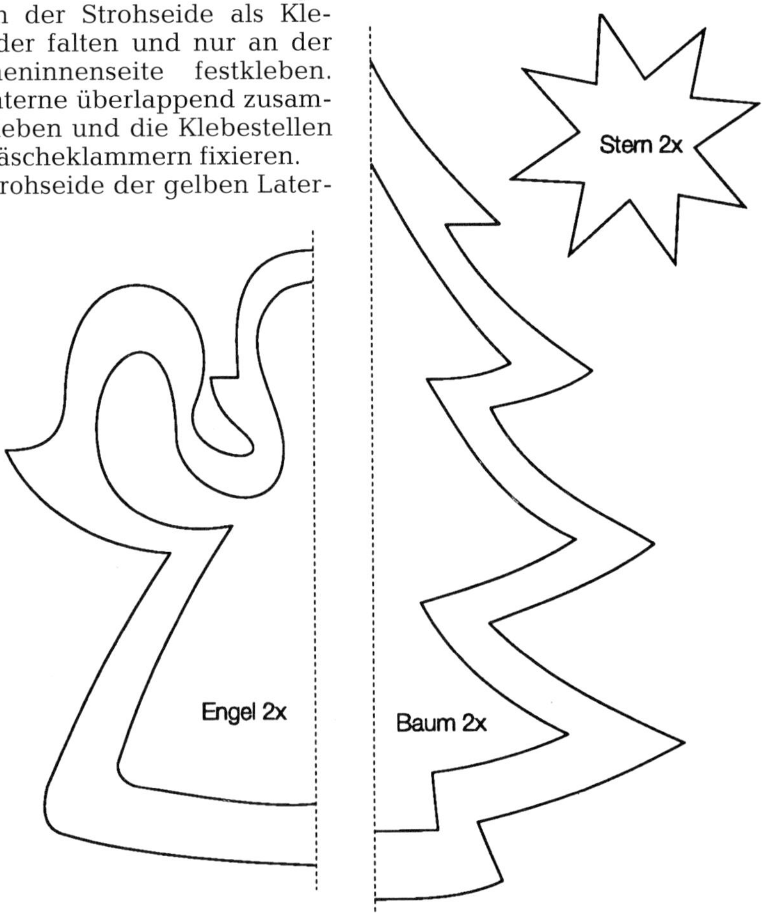

Tischkarten für Heiligabend

Schmücken Sie Ihren Festtagstisch mit individuellen Tischkärtchen. Die Motive Schneemann, Stiefel und Nikolaus sind für Kinder gedacht, die Karten mit den Kerzen und dem Engel für erwachsene Gäste.

Material
Fotokarton: Dunkelgrün, Dunkelblau
Weißer Bristolkarton
Tonpapier: Gelb, Rot, Hell- und Dunkelgrün, Braun, Schwarz
Weiße Strukturtapete
Schreibpapier: Weiß
Deckfarben
Klebstoff

Ausführung
Die Doppelkarten mit Schneemann, Stiefel und Nikolaus werden entweder aus Fotokarton (18 x 10 cm) oder, wie die abgebildete Nikolauskarte, aus Bristolkarton geschnitten und mit einer farbigen Vorderseite beklebt. Alle Motive vom Vorlagenbogen übertragen, ausschneiden und nach der Abbildung aufkleben. Die Namen der Gäste können auf den Schal des Schneemanns, den Stiefel und auf den hellgrünen Hintergrund des Nikolaus geschrieben werden.
Die Tischkarten mit Kerzen und Engel schneiden Sie aus Tonpapier (18 x 10 cm) und falten sie in der Mitte. Die Bogenöffnung oder die Tannenform wird auf die Vorderseite der Karte übertragen und mit dem Papierschneidemesser ausgeschnitten. Beachten Sie dabei die untere Falzkante. Auf der Rückseite der braunen und roten Tischkarte führen Sie den gezeigten Schnitt aus.
Die oberen Ecken der braunen und der roten Karte falten Sie zur Mitte hin, öffnen sie wieder und

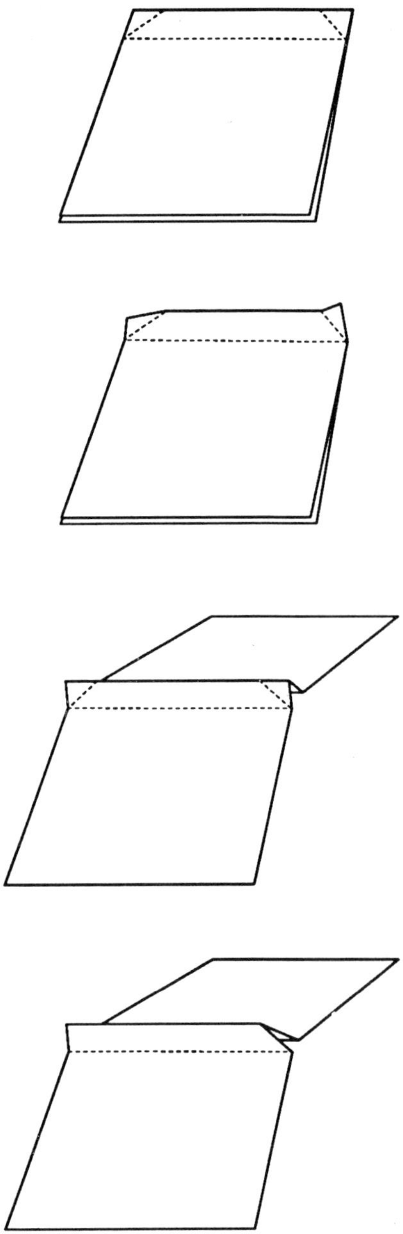

knicken die Falzkanten nach innen (siehe Zeichnung).
Biegen Sie die Falzkante an der Kartenvorderseite nach innen um, und stecken Sie die Spitze des Bogens bzw. der Tanne in den Einschnitt an der Kartenrückseite. So entsteht eine waagrechte Fläche, auf welche die Motive geklebt werden können.

Die Karten nach der Abbildung ausgestalten. Hinweise zur Spritztechnik, mit der die innere Tannenform der roten Karte gestaltet wird, lesen Sie auf Seite 56.
Die Gästenamen werden auf farblich passende Tonpapierstreifen geschrieben und unterhalb des Ausschnitts aufgeklebt.

Tischsets

Überraschen Sie Ihre Gäste mit schönen Tischsets. Kinder werden sich besonders über die lustigen Wichtel freuen. Und wenn die beiden die Mahlzeit ohne allzuviele Kleckse überstanden haben, kann man sie im Kinderzimmer als dekoratives Wandbild aufhängen.

Material
Fotokarton: Hell- und Dunkelgrün, Grün
Weißer Bristolkarton
Tonpapier: Rot, Gelb, Orange, Beige, Hell- und Dunkelgrün, Grün, Blau, Schwarz
Strohseide: Rot, Gelb
Weiße Strukturtapete
Klebstoff

Ausführung
Als Setunterlage verwenden Sie jeweils einen Bogen Fotokarton im Format 35 x 25 cm.
Die beiden Engel schneiden Sie aus gelbem Tonpapier und bekleben einen davon mit der orangefarbenen Umrißform. Fixieren Sie die Engel versetzt auf der Unterlage, und fügen Sie noch einen Stern hinzu. Zu diesem Tischset paßt eine Tischkarte aus dunkelgrünem Fotokarton (18 x 10 cm) mit Sternen.
Die Tannen der dunkelgrün-roten Tischsetkombination werden aus grünem Tonpapier geschnitten. Die Vorlage für die große Tanne finden Sie auf dem Vorlagenbogen unter dem Hinweis „Text Seite 48" (Tischlaternen). Schneiden Sie die inneren Konturen mit einem Papierschneidemesser oder einer kleinen spitzen Schere aus. Die Ausschnitte werden mit roter oder gelber Strohseide hinterklebt. Den Namen des Gastes schreiben Sie auf den kleinen Stern neben der Tanne.
Übertragen Sie die Grundform der beiden Wichtel auf doppelt gelegtes, beigefarbenes Tonpapier, und schneiden Sie die Umrisse aus. Die Kleidungsstücke benötigen Sie zweifach. Die Papierpunkte für die Augen, Knöpfe und Mützenquaste werden mit dem Bürolocher gestanzt. Beginnen Sie mit dem Aufkleben bei den Stiefeln. Das Häuschen der Wichtel ziert die Tischkarte aus Bristolkarton (17 x 10 cm). Bekleben Sie die Kartenvorderseite mit blauem Tonpapier, bevor Sie mit ihrer Ausgestaltung beginnen. Der Name des kleinen Gastes findet auf der Rauchwolke Platz.

Serviettenhalter

Material
Weißer Bristolkarton
Tonpapier: Hell- und Dunkelgrün, Rot, Rosa oder Beige, Schwarz
Weiße Strukturtapete
Klebstoff

Ausführung
Schneiden Sie die größere Tanne einmal aus dunkelgrünem, die kleinere Tanne zweimal aus hellgrünem Tonpapier. Die kleineren Tannenformen falten Sie in der Mitte und kleben jeweils eine Hälfte aneinander. Die freien Hälften fixieren Sie auf der dunkelgrünen Tannenform. An der Rückseite bringen Sie der Zeichnung entsprechend einen dunkelgrünen Tonpapierstreifen (30 x 2 cm) an, der als Serviettenring dient.
Den Körper des Schneemanns schneiden Sie aus Bristolkarton und aus Strukturtapete. Kleben Sie beide Formen deckungsgleich aufeinander. Die weitere Ausgestaltung geht aus der Abbildung hervor. Die Papierpunkte stanzen Sie mit dem Bürolocher. An der Rückseite des Schneemanns bringen Sie für die Serviette einen Steg aus Bristolkarton (36 x 3,5 cm) an.
Beim Nikolaus kleben Sie zuerst Kopf und Mütze zusammen, dann befestigen Sie den Bart und gestalten das Gesicht aus. Kleben Sie den roten Mittelstreifen auf den roten Mantel, und befestigen Sie darauf Kopf und Mantelsaum. Auch hier nimmt auf der Rückseite ein Steg aus Tonpapier (36 x 3,5 cm) die Serviette auf.

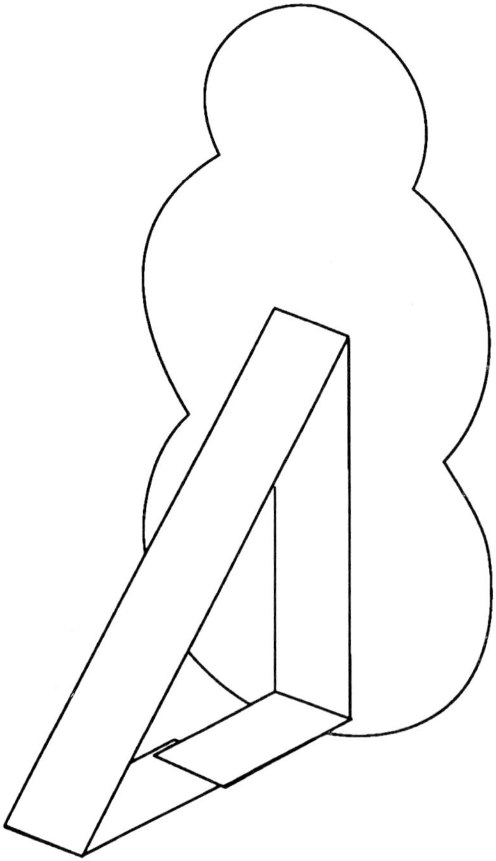

Geschenkpapier selbst gestalten

Eine originelle Verpackung mit selbstgestaltetem Geschenkpapier unterstreicht die persönliche Note Ihrer Präsente. Lassen Sie sich von den vorgestellten einfachen Techniken zu individuellen Mustern und Farbgebungen inspirieren.
Daß sich das farbige Papier nicht nur als Einwickelpapier verwenden läßt, zeigen Ihnen die nächsten Seiten.

Material
Weiße Papiere, z.B. von einem DIN A3-Malblock
Farbige Papiere
Rauhfasertapete (Reste)
Graupappe
Deckfarben
Angerührter Tapetenkleister
Arbeitsunterlage, z.B. Pappe oder Zeitungspapier

Hilfsmittel
Haarpinsel
Borstenpinsel
Breiter Malerpinsel
Schwamm
Ausgediente Zahnbürste
Spritzsieb
Schere

Tropfentechnik
Den Papierbogen auf die abgedeckte Arbeitsfläche legen. Mit dem Pinsel Farbe aufnehmen. Den Pinsel mit einer Hand am hinteren Ende waagrecht halten und mit dem Zeigefinger der anderen Hand auf die Pinselmanschette klopfen. Die Größe der herabfallenden Farbtropfen und -spritzer hängt vom Grad der Farbverdünnung und von der Heftigkeit Ihres Klopfens ab.

Variante
Die Papieroberfläche mit einem Schwamm anfeuchten und die Farbe wie oben beschrieben auftropfen lassen. Die Farbtropfen verlaufen auf dem feuchten Untergrund an den Rändern.

Spritztechnik
Schneiden Sie aus Papierresten Sterne, Glocken, Tannen usw. und legen Sie die Schablonen auf Ihren Papierbogen. Mit einer Zahnbürste Farbe aufnehmen und über einen Spritzsieb strei-

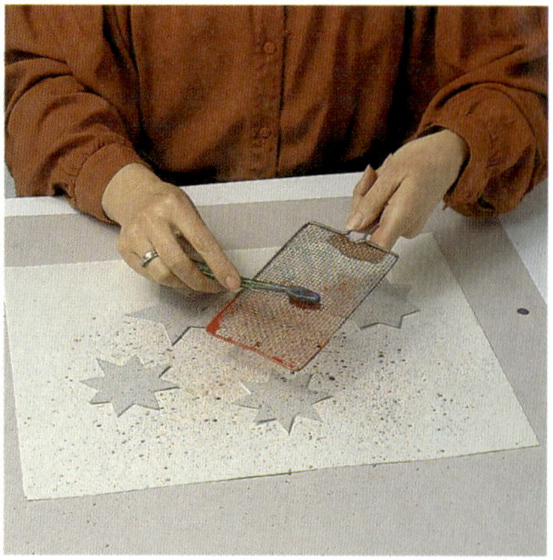

chen. Es ergeben sich feine Farbspritzer. Das Papier unter den Schablonen bleibt weiß und die Formen bilden sich ab. Die Motivschablonen erst abnehmen, wenn die Farbe getrocknet ist.

Kleisterpapier
Nach der Abbildung einen Zackenkamm aus Graupappe an-

fertigen. Das Papier mit Hilfe eines breiten Malerpinsels gleichmäßig mit Tapetenkleister bestreichen. Mit Farbe und Borstenpinsel Streifen und Kreise auf den nassen Kleister malen. Mit dem Pappkamm Muster in die noch feuchte Farbschicht ziehen und einen Tag lang trocknen lassen.

Tip
Wenn Sie das Kleisterpapier zum Falten von Papiertüten oder zum Beziehen von Schachteln verwenden möchten, bestreichen Sie es nach dem Trocknen dünn mit farbloser Schuhcreme. Die Kleistermalerei wird haltbarer und erhält einen leichten Glanz.

Schöne Geschenkbehälter

Wenn Sie Pappdosen, Schachteln und Pappkartons aus dem Haushalt mit farbig gestaltetem Papier überziehen, wird die Geschenkverpackung selbst zu einem hübschen Präsent.

Material
Papier, z.B. von einem DIN A3-Malblock
Tonpapier: Grün
Seidenpapier: Rot
Rauhfasertapete (Reste)
Deckfarben
Dosen, Schachteln usw. aus Karton oder Pappe
Paketschnur
Klebstoff

Ausführung
Bevor Sie mit der Gestaltung des Papiers beginnen, sollten Sie die vorhandene Schachtel, Dose usw. abmessen und die Papiermenge, die zum Überziehen benötigt wird, abschätzen.
Die abgebildete Dose und die Käseschachtel sind mit Rauhfasertapete bezogen. Feuchten Sie die Tapete mit einem Schwamm an, und spritzen Sie verschiedene Farbtöne großzügig mit dem Pinsel auf. Hinweise und Abbildung zur Spritztechnik finden Sie auf Seite 56. Farben trocknen lassen. In der Zwischenzeit bemalen Sie Papier mit Rot und Orange und lassen die Farben ineinanderfließen. Ist die Farbe trocken, drücken Sie den Deckel der Käseschachtel heraus, beziehen ihn mit dem bemalten Papier und kleben einen Stern auf. Die äußere Schachtelwand wird mit einem Streifen bemalter Tapete überlappend beklebt.
Die Dose bekleben Sie auf die gleiche Weise und füttern das Innere mit Seidenpapier. Kleben Sie Sterne an das Band, mit dem Sie das Seidenpapier zubinden.
Der blaue Geschenkbehälter entsteht beispielsweise aus einer kleinen Waschmittelpackung, die sich oben öffnen läßt. Bemalen Sie weißes Papier deckend mit blauer Farbe. Ist der Untergrund getrocknet, spritzen Sie verschiedene Farben auf. Behälter und Deckel beziehen und mit einer Tanne dekorieren (siehe Seite 48).

Tannenmobile mit Motivbändern

Material
Tonpapier: Dunkelgrün
Papier, z.B. von einem Malblock
Seidenpapierrest
Selbstklebende Markierungspunkte und -sterne
Deckfarben
Nähgarn: Weiß
Klebstoff

Ausführung
Das dunkelgrüne Tonpapier nach den Hinweisen von Seite 56 mit Farbe bespritzen und trocknen lassen. Drei Quadrate schneiden: 21 x 21 cm, 16 x 16 cm und 11 x 11 cm. Die Papierquadrate nach der Zeichnung falten. Das Ende des Aufhängefadens verknoten, Faden in eine Nähnadel einfädeln und mit der Nadel von innen durch die Spitze der größten gefalteten Form stechen. Den Faden nach einigen Zentimetern wieder verknoten und die zweite gefaltete Form aufreihen. Den Vorgang mit der dritten Faltform wiederholen. Über der Tannenspitze einen kleinen Stern von beiden Seiten auf den Aufhängefaden kleben. Etwas Seidenpapier knüllen und von innen in die Spitze der Faltformen kleben, um den Faden zusätzlich zu sichern.
Die Glocken und Sterne der beiden Bänder schneiden Sie zweifach nach den Vorlagen aus Kleisterpapier und bespritztem Papier. Beim Zusammenkleben der Motive einen Aufhängefaden in der Mitte einfassen.

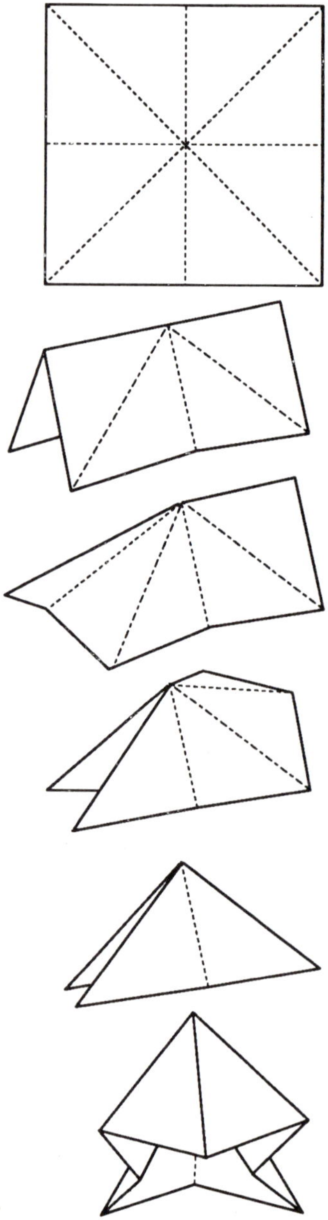

Tannen, Sterne, Glocken und Kugeln

Sehr dekorativ wirkt das farbig gestaltete Papier auch in Verbindung mit passendem Tonpapier.

Material
Tonpapier: Gelb, Hell- und Dunkelgrün, Pink, Hell- und Rotbraun
Papier, z.B. von einem Malblock
Deckfarben
Angerührter Tapetenkleister
Klebstoff

Ausführung
Gestalten Sie mehrere Bogen Papier mit Farbe, wie es auf den Seiten 56 und 57 beschrieben wird. Farbe gut trocknen lassen. In der Zwischenzeit die Motive, Tannen, Sterne, Glocken und Kugeln, vom Vorlagenbogen auf Tonpapier übertragen und ausschneiden. Teilweise werden Innenformen herausgeschnitten und mit farbig gestaltetem Papier hinterklebt, teilweise werden kleinere Innenformen aus farbig gestaltetem Papier aufgeklebt. Wenn Sie die Motive als Schmuck für den Christbaum verwenden möchten, schneiden Sie die Formen zweifach aus Tonpapier und legen beim Zusammenkleben einen Aufhängefaden mit ein. Gestalten Sie dann beide Seiten mit farbigen Innenformen aus.

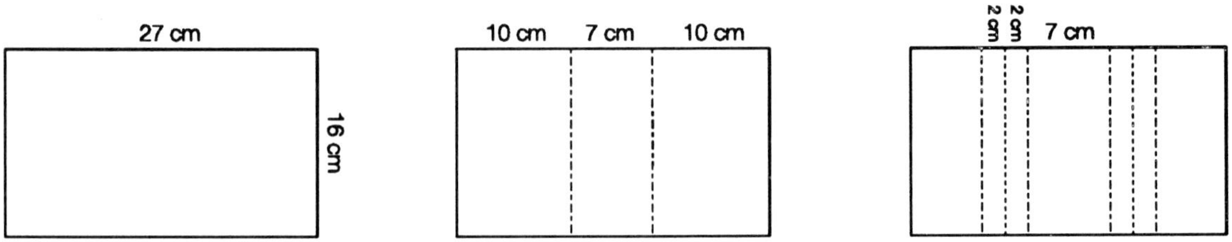

Der Christbaum ist der schönste Baum

Material
Fotokarton: Dunkelgrün
Tonpapier: Rot, Gelb
Papier, z.B. vom Malblock
Deckfarben
Klebstoff

Ausführung
Zeichnen Sie die Tanne zweimal auf dunkelgrünen Fotokarton, und schneiden Sie die Umrisse aus. Für die Kerzen benötigen Sie sechs Tonpapierstreifen (6 x 5,5 cm), die gerollt und zusammengeklebt werden. Kleben Sie oben die gelben Flammen ein. Bringen Sie die Kerzen an den Zweigspitzen einer Tanne an, und kleben Sie die zweite Tanne deckungsgleich auf, so daß die Kerzen von beiden eingefaßt werden.
Die Geschenktasche falten Sie nach der Zeichnung aus gespritztem Papier, das Sie vorher mit Farbe und Schwamm grundiert haben.

Christbaumschmuck
Abbildung Seite 5

Material
Tonpapier: Dunkelgrün, Gelb, Orange
Transparentpapier (Pergamin): Grün, Gelb, Blau
Deckfarben
Klebstoff

Ausführung
Die Motive vom Vorlagenbogen auf doppelt gelegtes Tonpapier übertragen und ausschneiden. Vorder- und Rückseite mit Farbtropfen bespritzen und trocknen lassen. In der Zwischenzeit Transparentpapierstreifen ziehharmonikaartig falten. Maße des Pergamins: Tanne 23 x 12 cm; Glocke 22 x 10 cm; Engel 23 x 13 cm. Das gefaltete Transparentpapier für Tanne und Engel an einer Seite zusammenfassen, so daß eine fächerartige Form entsteht. Die transparenten Formen zusammen mit Aufhängefäden zwischen die Motivteile kleben.

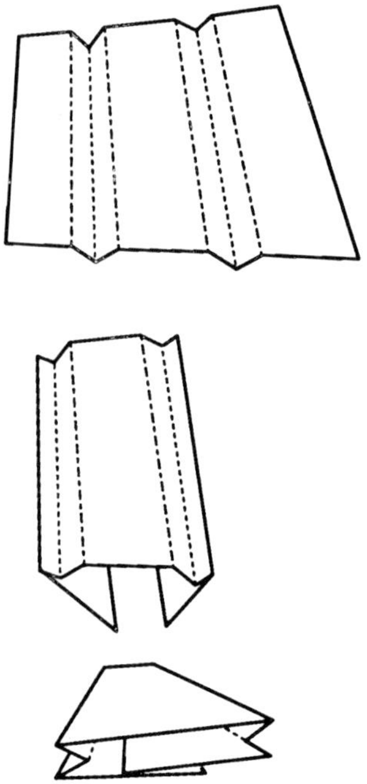

Ursula Ritter lebt bei Freiburg. Sie ist Erzieherin und leitet einen Kindergarten. In ihrer freiberuflichen Tätigkeit bildet das Gestalten mit Papier einen besonderen Schwerpunkt. Seit mehr als 20 Jahren gibt sie beim Volksbildungswerk Kurse über bildhaftes Gestalten und handwerkliche Techniken. Von der Autorin sind im Christophorus-Verlag viele erfolgreiche Publikationen erschienen.

Die Deutsche Bibliothek –
CIP-Einheitsaufnahme

Advent und Weihnachten: Schönes aus Papier; mit Vorlagen in Originalgröße / Ursula Ritter. – 3. Aufl. – Freiburg im Breisgau: Christophorus-Verlag, 1994
(Hobby & Werken)
ISBN 3-419-53531-7

Redaktion: Elke Fox
Styling und Fotos: Peter Nielsen, Umkirch
Reinzeichnungen: Uwe Stohrer, Norsingen
Umschlaggestaltung:
Michael Wiesinger
Reproduktionen: Scan-Studio Hofmann, Gundelfingen
Herstellung: Konkordia Druck GmbH, Bühl (Baden) 1994